정정근 시선집(詩選集)

겨울 스캔들

겨울 스캔들

초판 1쇄 인쇄 | 2021년 11월 07일
지은이 |
펴낸이 | 이재욱(필명:이승훈)
펴낸곳 | 해드림출판사
주 소 | 서울 영등포구 경인로82길 3-4(문래동1가 39)
센터플러스빌딩 1004호(07371)
전 화 | 02-2612-5552
팩 스 | 02-2688-5568
E-mail | jlee5059@hanmail.net

등록번호 제2013-000076
등록일자 2008년 9월 29일

ISBN 979-11-5634-482-7

정정근 시선집(詩選集)

겨울 스캔들

펴내는 글

좀 더 나은 시세계로 도약하기 위한 중간 정리 단계

세상이 어수선한 때 시선집을 낸다. 오래 쓰지도 많이 쓰지도 좋은 작품을 남기지도 못했으면서 어쭙잖은 짓 같아 망설이기도 했다. 더구나 내세울 만한 역사도 없으면서 선집의 구색을 맞추느라 연보(年譜)까지 덧붙이다 보니 민망하다.

자고나면 죄악이 범람하는 세상, 겸허한 자세로 하나님께 회개한다. 다른 모든 미물들은 무슨 일 있냐는 듯 때 되면 할 일 잘들 하고 있는데, 만물의 영장이라는 인간들

만 모진 세파에 뒤채며 전전긍긍한다는 것은 생각할 바가 많다. 어려움의 사슬이 속히 끊어지기를 빈다.

부족한 글 곱게 엮어주신 〈해드림출판사〉 이승훈 대표님과 직원 여러분의 노고에 감사드린다.

2021년 가을을 보내며

鄭貞根

차례

1부

간이역

문신(文身)

3부

네 이름은

4부

해질녘

5부

가루눈 오는 저녁

1부

간이역

겨울 스캔들

열애 중이다
아무도 모르게 끝내고 싶은데
들키는 거 시간문제겠다
내가 먼저 틈을 보였다
잠깐인데 뭐,
그러다 그놈한테 딱 잡혔다
제깟 것한테 넘어갈 줄 알아?
그런데 그게 아니다
내가 그렇게 맘에 들었는지
뺨이며 귓불이며 목덜미에
뜨거운 열 확확 뿜어 목젖을 붓게 하고
골머리 지끈지끈 콧물 줄줄 나게 한다
앉으면 어지럽고
누우면 숨 막힌다

좋은 음식으로 대접하면 순해질까
이불속에서 실컷 놀아주면 떨어질까

그놈이 나를 안고 몸살을 한다.

천국

할머니도 죽어요?
죽으면 천국 가요?
천국 가는 건 죽는 거지요?
천국 가지 말고
그냥 우리와 살아요
천국 가는 건 좋은 거 같기도 하지만
슬플 거 같아요.

고독

황순원 님은
슬픔을 태우려고
담배를 태웠더니
담뱃대만 물어도
슬픔이 오더라고 했다
나는 구석을 메우려고
글을 쓰게 됐는데
안에서는 내가 들볶고
밖에서는 남한테 치여
구석이 동굴 되었다.

털

스물한 살 처녀 셋
동해바다에 갔지
파란 하늘엔 흰 구름
백사장은 울긋불긋 사람의 꽃밭

처음 입는 수영복이 어색하고 부끄러워
얼굴은 깜깜한 안경에
몸은 커다란 고무튜브에 묻었지

손바닥 노를 저어
잔잔한 듯 격정의 바다로
목표지점은 저만치서 유혹하는
빨간 드럼통

사람들 소리 멀고 목적지 코앞인데
뒤통수 때리는 호각소리

빨간 모자 하나 숨차게 오더니

- 죽고 싶냐?
수영도 못하는 것들이 멀리만 가면 다냐?

그의 얄짤없는 호통은 파도에 던져주고
우리는 까만 유리 뒤에서
실팍한 가슴의 낯선 잡초만 쳐다봤다.

옛집 · 1

사십여 년 전 마루에 앉으니
엄한 듯 자상하시던 아버지
정 많고 순박하시던 어머니
두세 살 터울의 동기간들이 생각난다

두레박 우물은 수도로
푸성귀 자라던 마당은 시멘트로
별꽃 피던 송판 울타리는 블록 담이 된
충주시 지현동 ○○○번지

집만큼이나 연륜이 깊은 주인 할머니
같은 집에 산 인연 때문인지
친척 같은 정이 느껴진다
머잖아 헐릴 거라니
사람도 집도 세월은 이길 수 없나 보다

마당을 나오다 돌아보니
단발머리 여고생
볼우물 짓다 사라진다.

옛집 • 2

참새도 똥을 싸며 만만히 보던
길모퉁이 작은 집
여덟 가족, 일곱 해 살던 집
사택으로 셋집으로 전전하다
아버지, 처음 장만하신
진짜 우리 집
조붓한 마당 한쪽에선
모란꽃 족두리꽃 상추 쑥갓 대파 자라고
밤이면 들창 앞에 별들이 모여
소녀의 꿈을 엿보던 집

꽃을 좋아하시던 아버지
살림만 살던 어머니는 먼 길 떠나셨고
늙을 것 같지 않던 다락방 소녀
파 꽃 되었네.

플라스틱

달빛 아래 박꽃
이슬에도 우는 수레국화였는데
얼마나 호되게 부대꼈는지
닳지도 곯지도 썩지도
녹슬거나 찢기거나 씹히지도 않는
괴물 되었네
밟아도 찌그러지지 않고
두드려도 깨지지 않고
속삭여도 듣지 못하고
간질여도 전기 통하지 않는.

늦가을 현충원

차갑고 성근 빗방울이
호젓한 순례길에 가벼이 떨어진다
철이 바뀌고 있지만 이곳은
나무도 풀도 주춤거린다
오마던 이 기다려
발길 떨어지지 않는지

곧 육(六)의 문을 닫을 나도
휘적이는 걸음이 무겁다.

초봄

마중가지 않아도
때 되면 온다

어깨 보듬다
손톱 세우고

꽃망울 열다
천둥벼락

요랬다조랬다
헤살꾼

보내지 않아도
슬며시 간다.

마라도에서

장군바위가 버티고 선
남남 쪽 그 섬에는 사람보다 개가 많다

여객선이 항구에 닿자
앉아있던 견공들 모두 일어나
용케도 방문객 알아보고 안내를 자청한다
나를 찜한 순한 눈동자도
석양이 불 지른 마을을 향해
핼금거리며 앞장선다

십이월의 낯선 섬은
드센 바람으로 텃세를 하건만
심장, 발보다 서둔다

일찌감치 불덩이 품고 자리에 든
바다, 밤새 뒤채며 아우성쳐
나도 덩달아 한밤을 지새우는데
달빛 아래 백구만 꿀잠이다.

봄날 · 2

바깥양반은 집사람 되고
안사람은 울 넘는 날 잦네
아이들은 풀씨처럼 날아갔고
웃고 떠드는 건 티브이뿐
갈 곳도 찾는 이도 없는 양반
봄 온통 쥐날 판인데
금새우란이 꽃을 낳아 마음을 매네
그렇다고 이 봄을 집에서만 보낼쏘냐
깽깽이풀이라도 보러 가야지
얼레지 참꽃마리 안내받아
태양금 황용금 복색호
아니, 민소심(民素心) 한 촉이라도

배낭 챙기는 이
마음은 벌써 고창 뒷산에 있네.

봄날 · 3

화분 속 동백 활짝 웃고
꼬마숙녀 치마 고집하고
마당가 원추리 손 내밀고
씨암탉 솜병아리 몰고 다니고
대청소를 해야겠다 싶고
떠난 친구 생각나면
봄이다
지금이 그때다.

간이역(簡易驛)

크고 작은 역을 칠십여 지나는 동안
열차도 나도 많이 달라졌다
뭣도 모르고 지나친 증기기관차 시절
인생의 봄과 여름을 보낸 전기기관차 시절

환승을 생각하며 머뭇대던 역도
열차에서 내다보기만 했던 역도
잠시 내려 차 한 잔 마신 역도
억겁 연을 맺은 역도
고개가 휘도록 돌아보던 역도
다 그리움이다

한숨 자고 나니 고속열차 안
바꿔 탄 기억이 없는데 누가 데려다 놨을까
옆지기도 낯설고
어스레한 창에 비친 나도 뜨악하다

차창에 붙어있는 종이에 눈이 간다

- 당신은 '저승역'으로 가는

논스톱 열차를 타고 계십니다.

석 별(惜別)

해질녘을 좋아하던 친구가
어스름에 눈감았다

망자 홀로 언덕에 뉘어놓고
생자들은 육개장에 밥을 만다

묻힌 이를 애곡하느라
굶는 이는 없다

술에 떡에 고기에 과일
생목숨 돌보느라 바쁘다

죽은 이를 하늘로 보내놓고
산자들은 땅으로 내려간다.

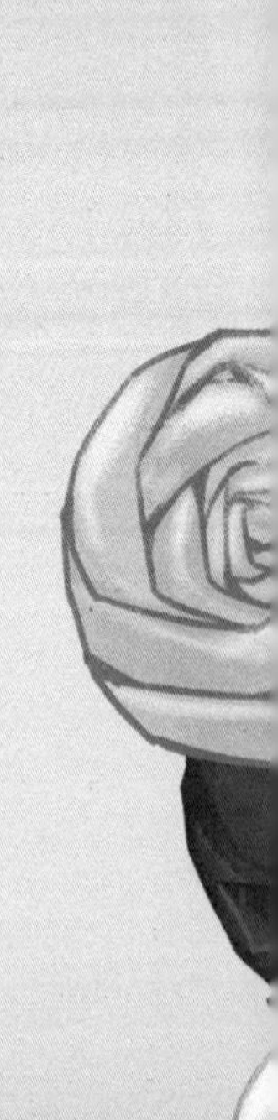

2부

문신(文身)

내 컴퓨터

기둥서방이다
놀고먹어도 기세가 등등하다
이런 족속과 친해지기 어려운 나는
첫날밤부터 기가 죽어 있었다
이리저리 비위를 맞추며 조심스레 다가가
쓰레기를 물어 오면 말없이 치워주고
까닭 모를 말썽을 피우면 달래주고
탈이 나면 의원 불러 치료도 해주지만
쉽게 곁을 주지 않았다
그는 얄궂은 제 속을 짚어내지 못한다고
나를 답답해하지만
나는 꾀까다로운 그가 편편찮다
이러구러 함께한 세월이 수십 년인데
사람도 사물도 늙으면 고집만 쎄지는지
조금만 수틀려도 돌아앉는 화상
별 낙도 없어 연을 끊으려다가도

그나마 없으면 살아도 사는 것 같지 않고
놀아도 노는 것 같지 않을 것 같아
아직은 동거 중이다.

망팔(忘八) 저녁에

슬몃슬몃 낯선 나 오더니
언제부턴가 판이 바뀌었다
부모님이 만들어주신 내가 성차지 않아
남의 옷 남의 생각으로 산 때문인지

방게 농게만도 못한 보리새우가
대게 홍게 꽃게들 틈에서
센 척 야문 척
잘 익은 척하다가

때로는 악귀처럼
때로는 고사목처럼
때로는 나물죽처럼
때로는 돌멩이처럼 살았다

살〔肉〕만 익고 정신은 설었으니
얼마나 속속들이 영글면
슬픈 날에도 마음을 다독일 수 있는
구도의 시 한 편 품을 수 있을까…….

경계

多情과 無情 사이
열림과 막힘 사이
冷痰과 祈禱 사이
있음과 없음 사이
著心과 無力 사이
잘남과 못남 사이
傷處와 治癒 사이

그와 나의 地界標.

밤비

어제부터 오는 비
아직도 온다

자늑자늑 추적추적
허리도 안 아픈지

정답던 저 소리
이 밤엔 내 안 후비는 고드름

비를 맞는 곳은 밖인데
젖는 것은 나.

피리

봄이면 호드기를 만들었네
여섯 살 어린 솜씨
가락은 못 내어도 소리는 멀리 갔네

저녁노을 짙어지면 아버지는 멍석에 앉아
퉁소나 하모니카를 부셨네
구슬픈 곡조 양지평 들녘으로 퍼지면
동생을 업고 서성이던 할머니와
솔가지 분질러 저녁 짓던 엄마는
치맛자락 뒤집어 눈물 콧물 훔치셨네

이제는 봄이 와도 피리를 불지 않네
피처럼 붉은 노을을 바라보며
피난길에서 죽어가던 이들과
학도병 삼촌 걱정돼 눈물짓던 가족들이
사무치게 보고플 뿐이네.

어느 노숙인

바보인지
성자인지
광인인지

수십억 복권에 당첨되고도
여전한 노숙인
육순쯤의 남자

호텔은 드나듦이 불편해서
좋은 집 사서 가족과 사는 건 피곤해서
은행에만 넣어뒀다는

써보지도 못하고 죽으면 아깝지 않겠냐 하니
돌아누우며 귀찮은 듯 하는 말

- 내가 번 돈도 아닌데 아까울 게 뭬 있소?
나라가 알아서 좋은 데 쓰겄지.

기도 • 1

눈에는 기쁨이
정신에는 기품이
언행에는 정대함이 있게 하소서
교활하지 않으면서 슬기롭고
겸손하되 기죽지 않고
잘못을 깨달으면 사과할 용기도 주소서
잘될 때 들뜨지 말고
힘들 때 그늘지지 않고
물질에 대한 집착과 과욕을 버리게 하소서
세상을 향한 걸음이 무모한 헛발질 아니라
주님이 함께하신다는 소망 아래
철저히 닦은 실력을 무기로
집중 도전케 하소서.

파꽃 · 1

잠 못 들어 뒤채는 밤엔
나지막한 자장가로

속 더부룩 체했을 땐
따뜻한 죽으로

피의 길 막히면
끈끈한 정으로 오셨는데

봄 되어도 움 돋지 않고
여름에도 기척 없으시더니

내 안에 계셨네
마른 꽃 한 송이로.

문신(文身)

- 꽃말로 본 사랑 이야기

나는 그 남자의 꽃밭이었다

우윳빛 가슴 분홍으로 물들 즈음
그는 내 마음에 꽃을 심기 시작했다

인동꽃 시들기 전에 은매화를
열에 달뜬 밤에는 진달래꽃을

복사꽃은 복사나무 밑으로 지고

작은 일에도 토라지면 미모사를
속내 시끄러우면 사향장미를

그는 나를 헤집고 날아갔던 호랑나비
나는 먼 하늘만 쳐다보는 패랭이꽃

금송화 산옥잠화 봉오리 맺을 때
그가 돌아와 담쟁이를 심었다

비 오고 바람 차더니
상강이 오고 입동도 다녀갔다

된서리 폭설 끝에
황새냉이 해오라비난초 숨소리만 기억한다.

* 본문에 나오는 꽃말

- 인동꽃 : 사랑의 인연
- 은매화 : 사랑의 속삭임
- 진달래꽃 : 사랑의 즐거움
- 복사꽃 : 사랑의 노예
- 미모사 : 예민, 섬세함
- 사향장미 : 순결한 사랑
- 금송화 : 이별의 슬픔
- 산옥잠화 : 사랑의 망각
- 담쟁이 : 영원한 사랑
- 황새냉이 : 그대에게 바친다
- 해오라비난초 : 꿈에라도 보고 싶다.

폐업 · 2

날씨 좋은 어버이날 오전
경비실에서 떨리는 방송

-복도로 좀 나와 보세요
알 만한 분인지…

마당에 한 여인 누워 있는데
시멘트 모서리에 부딪쳤는지
내장과 살점 몇 무더기
두개골도 쪼개져 피의 향연

알고 보니 반상회를 같이하던
오십대 철이 엄마다

놀러 와요
나, 천만 원짜리 장롱 샀어요

언제 보아도 미소가 쓸쓸하던 그녀
허한 마음 한 번도 받아주지 못했다

사랑땜도 못다 했을 그 장롱 어찌 두고
저리 참혹한 모습으로
아내 자리 엄마 자리 자기 자리까지 버렸는지.

불꽃*

1. 모닥불 앞에서

갈참나무는 표고 향
노간주나무는 술 내음

싸릿가지는 싸락눈 소리
아까시나무는 껌 씹는 소리

자두나무는 속살이 붉고
복사나무는 겉살이 붉어요

…는 빨간 불꽃
떡갈나무는 파란 불꽃

둥그레 활활 타는 꽃불에
어수선한 마음도 함께 태워요

2. 장작불 사랑

쪼갬목은 쉽게 불붙지만
불땀이 약하고
통나무는 더디지만
오래 타지요

장작불도 사랑도
단조롭고 시들하면
적당한 풀무질이 필요해요

연인들도 장작불도
휘젓거나 떼놓지 말아요
눈물 나요

희나리는 불볕에 말리고

등걸불은 잘 맞는 짝 찾아
잉걸불 만들어요

격정의 계절 가고 나면
불덩이도 타오르던 눈빛도
잠재울 줄 알아야 해요.

* 불꽃 : 윤근택 님의 수필, '장작불 사랑'을 재구성함.

모래성

낭만이 파도치는
그 백사장
올해도 예술촌이었다

비 한 줄금 그을 수 없는
마녀의 성
수수깡 집만도 못한

기묘한 잡상
화려한 궁전
펄럭이는 만장

폭양 아래 요염한 그녀
빨간 입 꼬리에 날선 칼을 물고
웃을까 말까.

십일월

청계산 발치에서
매봉 오르는 능선과 골짜기에
늦가을이 몸을 부리고 있다

노(怒) 우(憂) 비(悲) 경(驚) 공(恐) 증(憎) 욕(浴)

흔들었다
내려놓다
도로 끌어안는
내 머리와 어깨에도.

두 억새

정든 듯 낯선 당신 누구신가
눈 맑고 가슴 곱던 내게
다정하고 서그럽던 그 임이신가

안개 촐촐한 뚝방 걷다가
양화점 양장점 양품점 이끌어
돈 쓰기 좋아하던 옛사랑인가

허옇게 바랬지만 속이 찬 당신
곧은 뿌리 값도 못하고
남실바람에도 흔들리는 나

먹구름 저쪽 푸름 한 조각
기대해도 좋을까
우리 앞날을.

3부

네 이름은

뻐꾸기 울던 날

잡목과 야생초 우거진
엄다면 범바우재
상석(床石)은커녕 빗돌도 없는
무덤 한 기(基)

- 어서 오니라
우리 아그 벌써 커서 장개갔나?
각시는 어매한테 골라달라제……
허허허 갠찮다
니가 델꼬 살 사람잉께
니 맴이 중허제

보라색 제비꽃이 고개를 끄덕인다

침울한 얼굴로 신랑이 두 번
남 같은 각시가 네 번 절하는 동안
문평댁은 눈 내리뜨고 봉분의 잡초만 뽑는다

그 눈이 붉다

-임자, 아배 어매 성제들 땜시 고상 많았제?

어디선가 들려오는 뻐꾸기 울음

- 내는 요로코롬 늙어가는디
이녁은 안즉도 새파랗지라?
이것 자시고 아그덜이나 도와주시소 잉~

등 뒤 뻐꾸기도 답신한다

하늘 푸르고 바람 쾌적한
오월 하루
이승과 저승이 둘러앉아 뻐꾸기와 대거리 중이다

산이 깨어나 시끄럽다.

현충원의 봄 • 2

다시 사월입니다
고귀한 목숨 조국에 바치신 임들을 위로하러
봄꽃들이 모였습니다

묘소와 충혼당 육만오천* 선열님들이시여
오늘 같은 날은 방에만 계시지 말고
가벼운 행장, 넉넉한 가슴으로
휘휘 둘러보소서

솔솔바람에 흩날리는 꽃잎들이
고운 추억도 불러다 줄 테니까요.

* 육만오천 : 2018년 현재 동작동 국립묘지에 안장된 숫자.

현충원의 봄 • 3

청명 한식 무렵 서울현충원은
꽃벚 왕벚 능수벚 잔치 중이다
그 중 능수벚꽃이 주인공이다

한물간 꽃들은 실바람에도 하롱이지만
생끗뱅끗 젊은 꽃들은
드센 바람도 겁내지 않고
청춘을 만끽한다

춘정이 꼬드기는지
꽃향기에 묻어오는지
멀리서 가까이서 구름꽃들 모여
꽃보다도 이쁜 웃음소리 찍는다

피는 꽃 지는 꽃들로
현충원 한나절이 출렁인다.

아침 산

쯔빗쯔빗 박새가 입을 여니
휘~익 휘~익 호랑지빠귀도 존재를 알리고
개개비새 배곯는 소리에
노랑할미새도 가르롱거린다
매앰 맴맴 쓰르쓰르 악쓰는 매미
오호끼로리로 목청 다듬는 휘파람새
홀딱 벗고 오라는 검은등뻐꾸기
시끄럽다고 야단치는 어치

무성한 잎 뒤에서 지줄대는
온갖 배고픈 새들의 아우성에
청계산 화들짝 몸을 턴다.

네 이름은

때 없는
떠돌이 삭풍
웅크린 먹장구름
눈물 밴 저녁안개
연못 속의 생이가래
칼끝에 묻은 꿀 한 방울
한 마음 뒤집는 검푸른 파도
선과 악 사이를 오락가락하는 추(錘)
낯선 별에서 숨어든 매운바람
겨울밤 홀로 타는 사과나무
마법사의 검은 보자기
일방통행 청춘열차
사랑을 잃었는지
못 만났는지
늘 외톨이.

군불 때던 아버지

영하 십몇 도
첩첩산골 중원군 매산(梅山)에서
아버지는 우리 집 군불 담당이셨다
이 방 저 방
밤저녁과 새벽마다
쪼갬목 한 아름에 통나무장작 몇 개씩을

고래가 잘못 놓였던 듯
구들장이 얇았던 듯
외풍도 셌던 듯
아랫목은 검게 타도 윗목에선 자리끼가 얼었다
아침이면 밤새 숨어든 냉기가
바람벽에 은하수로 박혔다가
눈물로 철철철

겨울 장군 암만 노리고 덤벼도
엄마와 우리 여섯 조무래기들
포근히 잠들고 거뜬히 일어날 수 있었던 것은
우리들의 하나님
아버지 덕분이었다.

모르레라

어느 선인(先人)은
일흔이면 마음 가는 대로 살아도
도리에 어긋나지 않는다고 했다
경지에 이르렀음이다
욕해(慾海)를 건넌 범부(凡婦)인 나로서는
미련을 갖거나 애성이하거나 욕망하지 않고
척진 사람이나 없으면 그만이지 싶다
그러면서도 마음은 몸을 힘들게 하고
몸은 마음을 들볶더라도
가슴에 깊이 박히는
예쁜 별 하나 갖고 싶은 것이다.

풍란 석부작

눈도 코도 없는 돌멩이
씻고 닦고 매만져
풍란 한 촉 얹었더니
하얀 나비
옹기종기

앞에서 눈 맞추고
옆에서 속삭이고
뒤에서 다독이며
멀리 보고
당겨보네

오늘도 하루를 그렇게 묵새겼네.

촛불 사이로

아버지, 촛불이 흔들려요
○○서원에 오셨다는 뜻이지요?
가실 때처럼 삼베 도포를 입으셨나요,
생전의 명절 때처럼
옥양목 두루마기 차림이신가요?

편찮던 몸 다 나으시어
낚시도 다니시고 꽃들도 가꾸시고
노랫말 지어 작곡도 하시고
하모니카도 부시는지요

어머니는 지금 아버지 사진을 보시며
사는 게 멀미 나니 빨리 좀 데려가 달라 하시고
아우들은 눈물만 흘려요

쫄깃한 옥수수와 단단한 복숭아는 없지만
다른 음식들은 넉넉히 올렸으니
천천히 흠향하세요
장례 때도 그랬지만 지금도
종교를 구실로 예를 다하지 못하는 것
용서해주세요
생전의 아버지는 늘 저를 이해하시고 귀애하셨잖아요

또 촛불이 흔들리네요
잘들 있으라고 손 흔드시는 거죠?
모쪼록 아버지의 그분 가피로
명복 누리시길 축원합니다

여불비례(餘不備禮).

이즘도에서 · 1

함박눈 바다 위로 쏟아지는데
물망초팬션 황토방에선
밤잠 놓친 갈대풀들
세상모른다

달맞이꽃 가득한 벽에 매달려
지나간 사랑처럼 무심히 내려다보는
엉겅퀴 한 다발
꽃과 잎과 줄기와 뿌리 용케 남아
뜨거웠던 한때를 목말라한다

드문드문 숲섬들
소복단장한 무덤 돼가고
격자창 모서리엔 송이 눈
옛사람 비보처럼 시름없이 날아든다.

이즘도에서 · 2

도화지가 지저분하다
뭔가를 그리다 만 것
지우고 다시 그린 자국들

마음에 들지 않는다
종이를 다시 얻을 수도
뒤집어 그릴 수도 없는데

신께서 세상에 보내실 때
천분(天分) 하나씩 주신다면
나는 무엇을 받았을까
없다 하면 그분께 죄송하고
이거다 할 자신도 없다

그분께 여쭤봐야겠다.

그 섬에 가면

질박한 영남 사투리
검정 안경이 있다
입담도 좋지만 조용필의 'Q'를 잘 부른다
뭍으로 날아간 파랑새를 못 잊어
수수만 번 뒤챈 적도 있지만
선녀봉 입구로 선착장으로 여행객들 안내하며
신청곡도 불러주고 고향 자랑하다 보니
이제는 누구보다 행복하다고 한다

빈 가지 사이로 부는 바람소리가 좋아
십일월이 기다려진다는 남자
하루 일을 마치고 누렁이와 약수터 오를 때가
가장 즐겁다며 껄껄 웃는데
그 웃음에도 바람이 묻어있다.

너와 나

너는 천지를 쏘대는 바람
나는 너만 생각하는 붙박이

네 몸짓에 따라 정신없이 휘둘리기도
잠든 듯 여여하기도

심심파적 기웃대는 네 작은 기척도
나는 설레며 숨죽이고 기다린다

어제는 청아한 소리로 노래하게 하더니
오늘은 낮은 음자리로 울게 하는구나

내일은 정좌하고 명상에 들까
죽은 듯 고요히 너만 바라볼까.

호암지*

패랭이꽃 언덕에 앉으면
반원형의 풍경이 한눈에 들어왔다

풍금 소리 은은한 사과과수원
윤슬 반짝이는 저수지
방죽 너머 드넓은 농경지와 고운 저녁 하늘

반세기 만에 왔더니
맛있는 열매 풍성하던 과수원
한 청년이 '사랑이 메아리칠 때'를 휘파람 불던 언덕
짬날 때마다 낚시하시던 아버지
아버지한테 스피드스케이트 배우던
스물두 살 나는 보이지 않고
오리 몇 마리 자맥질로 바쁠 뿐이다.

* 호암지 : 충북 충주시 호암동에 있는 저수지

4부

해질녘

나도감나무*

낯선 집 울안의 황금색 열매
탱자보다는 작고
포도보다는 크다

한참 눈 맞추고서야 고욤인 걸 알았다
크고 때깔 좋은 부유 차랑 대봉시들은
재는 뭐냐며 웃겠지만
단지에서 한겨울 곰삭으면
꿀인 듯 조청인 듯 달보드레하다

나도 나무 하나 있나니
일찌감치 우수품종 닿았더면
괜찮은 열매 얻었으련만
어쩌랴, 생장점 다 늙었으니

그게 뭐냐고 누가 물으면
나도 감나무라 할까
나도감 나무라 할까.

* 나도감 : 고욤.

첫

자동차를 처음 타 본 것은 네 살
혼자 외가에 있다가
아버지 따라 집에 갈 때

동무를 처음 사귄 것은 다섯 살
우리는 산자락 오두막
그 애는 들 가운데 외딴집

첫 입학은 일곱 살
들로 산으로 냇물로 놀러만 다니다
한글도 못 읽어 낙제

무대에 처음 서 본 것은 4학년
학예회 때 '윤회' 낭독

외로움 보고픔 기다림 반가움 원망이
한꺼번에 터져 소리쳐 운 것은 4학년 겨울밤
아버지 품에서 처음이자 마지막

여러 사람 울린 첫 경험은
5학년 말, 송사(送辭) 읽다가

이성(異性)을 처음 느낀 것은
6학년 여름 때 내 또래 서울 아이로

첫 연애편지 받은 것은 열여덟 살
이웃집 남학생이 우편으로 보낸

남자와 첫 스킨십은 스물네 살.

그해 오월

삼칠일 갓난이 보내고 나서
노랑꽃만 피웠다

빼근하게 젖 돌면
아기 배고플 시간

방안 오락가락하다가
강보 끌어안고 자장가

아침이면 멀쩡한 기저귀 적셔
마당 가득 거짓 소문

햇살이 눈 흘기면 못 본 척
바람이 나무라면 못 들은 척

집 앞 버즘나무에 두견이 울면
종일 마음 어지러웠다.

해질녘

네가 사는 동네를 밀어버리고
듬성듬성 옥수수나 심어볼까

참새 부리 같은 싹이 올라와
촉촉한 눈으로 물을 주면
허겁지겁 빨아들여 마술처럼 자라겠지
빨강 노랑 수염 속에
은구슬 금구슬 자수정 박아놓고
된바람 흔들바람에
긴 팔다리 막춤이라도 추면
저녁 나팔꽃 같던 나
웃기도 할 텐데

먼 데 산 위에 해가 지고
골목골목 땅거미 내려오면
그의 동네로 가는 버스를 기다린다.

청개구리의 수난

칠 년 만에 제대한 삼촌은
키만 컸지 몰골이 말 아니었다
병은 없는 듯한데
누구한테 무슨 소릴 들었는지
동네 조무래기들을 시켜
날마다 두 마리씩 청개구리를 먹었다

어른 엄지손가락 반만 한 그놈은
매끄러운 초록색 등판에 까만 눈을 가졌는데
멀뚱거리는 그것과 마주치기 싫었는지
삼촌은 눈을 감고 단숨에 삼켰다

얼마 후 삼촌은 고향 면사무소에 취직도 하고
촌색시 같지 않은 촌색시와 혼인하더니
일곱 달 만에 떡두꺼비도 낳았다

동네사랑방은 밤마다 우리 삼촌 얘기로
술 없이도 즐거웠던 것 같고
누가 시켰는지
논두렁 개울가 풀숲 뒤지는 아이들이 다시 보였다.

그래도 해변에서

오늘은 아무런 방해 없이
그대를 한참이나 볼 수 있었다

파도에 밀려왔다
바람 따라 가버린 물비늘에서

도라지 꽃빛 하늘과
물새들 나래짓에서

옥골선풍 흰 보름달과
살품 스미는 소슬바람에서

먼바다 끝에 어리는
푸른 너울에서.

눈물로 보낸

5학년 때 아버지가 사 주신
둥근 챙 하얀 모자
열흘 만에 고운 때 지우려다
얇은 헝겊 속 골판지 풀어져
사랑땜도 못했네

꽃 각시 때 어머니가 해 주신
꽃 분홍 갑사치마 반회장 흰 저고리
새색시 티내느라 종일 입다가
한 주일 만에
하얀 저고리 붉은 얼룩.

봄 편지

그대 가시고
날마다 비가 옵니다
생명의 봄비
축복의 단비
눈물로 흐를까봐
먼 산 두견이 편에 안부만 전합니다
그대 있던 자리에 이것저것 놓아보지만
눈 감으면 환한 얼굴뿐
아무것도 대체 안 된 채
하루 또 하루가 지나갑니다.

엄동

네 기호가 바뀌었다
갓 지은 햅쌀밥
한겨울 목화솜이불이더니
하한점 없는 냉동고
잎 없는 가시덩굴이다
천지에 햇살 퍼져
진달래꽃 복사꽃 흐드러지면
곱은 손 펴지고
외면한 눈길
곱게 만나질까.

떠돌이별

백일 된 첫애 안고 입성한 지 반백년
불고 간 바람인 듯 흘러간 강물인 듯
일월(日月) 속에 당신도 나도 저물었네

흑석동 단칸셋방
봉천동 단독주택
개봉동 대치동 사당동 구로동 아파트

자식들 가정 이루고 어른들 작고하셨으니
우리에게 남은 임무는
본향(本鄕) 갈 일 뿐이네.

하루살이

바람 좀 쐬러 나왔더니
날파리 떼 등쌀에 걷기도 힘들다
첫나들이인지 마지막 축제인지
극성도 이런 극성이 없다
코앞에서 알짱거리는 놈들 몇
따귀 때려 쫓는 걸 보면서도
윙윙 떼창(唱)으로 겁을 주거나
살랑살랑 군무로 유혹도 하며
내 눈에 들려고 별짓을 다한다
깝죽대는 몇 마리
손바닥 사이에 압살했더니
보복이라도 하듯
위로 아래로 옆으로 공격하다가
마침내 한 놈이 내 왼쪽 눈을
제 영면의 낙원으로 삼아버렸다.

뱀섬

해안선 기암괴석도
아래 윗 섬 뱃길도
굵고 긴 - 배암의 형상

간이 작은 이는 기웃댈 곳 아니다
찻길 옆 진홍양귀비
선녀봉 분홍진달래
색으로 향으로 꼬드겨도
길 아니면 들지 말 일이다

열 쌍씩 풀어놓은
뜀박질 선수 토끼도
날짐승 장끼와 까투리도
잽싸고 독한 놈 피하지 못했나니
하와를 후리던 실력이
오늘은 당신을 노린다.

산책로에서

꽃길을 걷습니다
화려하고 도도하던 장미와
사랑스럽던 백일홍이 늙어가니
아롱다롱 살살이꽃들이
나붓나붓 반깁니다

빈 의자에 앉아 하늘을 봅니다
어둑한 구름 위로
곁에 둔 화석 같고
먼 데 정물 같은 당신도 와서
시든 추억과 청순한 꽃들을 보십니다.

산막에서

다저녁때 오는 눈은
축복인지 재앙인지

푹푹 쌓여 아무도
드나들지 못했으면

원하든 않든 모든 것은
변하다 사라지는 것

자고 나면 저 눈도
멈춰 있으리.

5부

가루눈 오는 저녁

초상날

– 아짐, 인자는 묶어논 되야지 신세 면케 되얏소
괴기 쪼까 더 내오시지라 술도 모지란당깨요

문설주 짚고 먼 하늘 바라보며
혼잣말에 너털웃음이던 시락골양반*
구순 초여름에 불귀하셨네

함평천지 열사흘 달빛으로 질펀하고
노상마을 최씨네 남폿불로 대낮이니
동네 꼬마들 양손에 떡 쥐고
차일 안팎 뛰노네

시신(屍身)은 큰방 병풍 뒤에서
홀로 삼도천(三途川) 건너시는데
원근각처 조문객들 호상이라며
허허 하하 껄껄

홍어삼합 막걸리로 홍취마저 도도하네

꼭두상두 지붕에서 망자의 옷자락 흔들어
좋은 데 가시라 축원하네

걸판진 술상 잠시 물린 상여꾼들
빈 가마 둘러메고
요령* 소리에 장단 맞춘
만가소리 어러러소리*

찔레꽃 향기는 마을을 돌아 저승 문 흔들고
상제 복인 애소리*에
철 이른 매미도 슬프다 우는데
꽁무니에 엎딘 타관 새댁만
뽀송한 눈자위에 침 찍어 바르다

제풀에 어깨를 들썩이네

- 손지메누리 우능겨?
그새 정이 들었는갑소이~

개떡을 찰떡으로 아신 동네 할머니
민망해서 얼굴 더욱 처박는 새댁

중천에서 어정거리던 달님
빙그레 웃으시네.

* 시락골양반 : 마나님 친정 동네 이름을 딴 망자의 택호.
* 요령 : 꼭두상두가 손에 들고 흔드는 작은 종.
* 삼도천(三途川) : 저승길 중간에 있다는 냇물.
* 만가소리 어러러소리 : 망자와 유족들을 위로하는 상여꾼들의 노래.
* 애소리 : 크게 곡하는 소리.

세월

조년(早年)은 떫을 때
장년(壯年)은 익을 때
망팔(望八)은 늙을 때

홍시도 알맞추 익어야 과일이지
농익으면 식초 되나니
인간도 오래 살면 귀신인거지

어영부영 저문 하늘
이러려니 눈치 보이고
저러려니 어깨 쳐지네

몸은 익었으되
허투루 보낸 시간들로
발자국을 떼어도 뒤뚱걸음일세.

백제의 숨결

나라 땅 법륭사 관음전에는
일곱 자 반의 불상(佛像)이 있다
백제가 제주산 녹나무로 만들어 준
허공장보살(虛空藏菩薩)

지금은 남의 나라 국보
본명은 발바닥에만 남아있고
'관음보살'로 개명된
유네스코 세계문화유산

고향도 주인도 망각한 채
술병인지 약병인지 빈병인지
호리병 하나 들고
빙그레 웃는 조선의 유물.

뒷집

자정 가까운 시간
생명의 소리는 들리는 듯 마는 듯
물건들 이아치는 소음 요란하다
선무당이 또 집을 고치려나보다
그래 봤자 문짝이며 벽이며 창문
더 망가질 뿐이련만

사이렌이 울리고 나서야
두런두런 사람들 소리

저 집은 무엇이 문제일까
빼는 듯 되박는 못질도 모자라
저리 뇌성까지 쳐대면
지붕인들 온전하랴.

반지 · 2

아이 때는 풀꽃반지
연애 때는 14k반지
혼인 때는 순금반지
중년 때는 액세서리반지
회갑 때는 정근(定根)반지

한나절도 못 가던 꽃반지
시시로 설레던 애인반지
가시버시 선포반지
재미 삼은 가짜보석반지
공덕 쌓으라던 우정반지

다 사라지고
묵직한 세월반지만 살아있네.

단풍놀이

심야버스 타고 내장산 갔네
어둠 덜 씻긴 문턱 들어설 때
상현달 배시시
너도 왔냐며 웃네
새벽안개 등성이 올라가니
은실 금실 올올이 온산 비추네
밀려드는 관광버스들
황금색 꽃자주색 붉고 노란 초록들
어느 게 단풍이고 무엇이 사람인지
출렁이는 파도에
나도 한 잎 단풍이네.

웃은 값

호텔에 짐 풀고 저녁밥 먹고 나니
가이드 처녀 다가와 속살거린다

-근처에 실내 성자료관 있는데 천 엔씩이에요

비싸네 어쩌네 하다가
쫄레쫄레 따라간다

간판부터 낯 뜨거운 그림
초등 사내아이 손잡은 기모노 여인과
앞서거니 뒤서거니

벽을 채운 진열장 안에서는
골무만 한 인형들 가득 얼크러져
온갖 색을 쓰는 중인데
바투 보던 어떤 이 쓰광한 얼굴로

- 난 또 뭐라꼬~ 개지랄 떠는 거 아이가!

이층도 삼층도
소품 영상 액자 집기류 도색의 물결이다

웃긴다고 웃고
민망해서 웃고
어이없어 웃었으니
천 엔은 관람료가 아니라
젊어진 대가렸다?

가루눈 오는 저녁

재티처럼 날리는 눈을 보니
선친(先親)과 선비(先妣) 생각이 난다

제 때 벌초 못해 우세당할까
장사 지내면 끝인데 가욋돈 들까
걱정하시던 그 마음 모르지 않으면서도
유지 받든다는 명분으로
유골가루 찰밥에 뭉쳐
선산 까막까치 밥으로 보내드렸다

그나마도 지금은
신니터널* 공사로 선산마저 무너져
명절이 오고 기일이 되어도
부모님 향취 느낄 곳이 없다

땅속도 항아리도 싫다시더니

송암리 197번지* 나 기웃대시는지.

* 신니터널 : 평택-제천 간 고속도로 중, 충주시 신니면에 건설된 터널.
* 송암리 197번지 : 신니면에 있는, 선친과 그 형제님들, 그리고 윗대 어르신들이 나고 자라신 곳. 부모님이 신혼부터 1·4후퇴 때까지 7년 동안 사신 곳이며 필자의 탯자리이기도 함.

핵(核)

하늘 한 번 본 적 없고
불꽃 한 방 터진 적 없는데
나를 쥐고 놓지 않네

휘둘리다 달아나
문득 둘러보면
다시 그 자리

왔다 갔다 비틀비틀
깨금발 겅중대며
맴만 도네.

거울

어머니가 오셨다
눈 덮인 고개 넘어
논두렁 밭두렁 실개천 건너

굽은 어깨와 허리
보따리 같은 몸
불그레 침침한 눈
아슴한 청력
둔한 움직임

물끄러미 보시더니
나직이 말씀하신다

심란허냐?
오래 살아 그런 것을…
너만 때의 에미는 더했느니.

오스틴의 달밤

오크나무 가지 위에 둥근달 걸려
'콜로라도의 달'을 흥얼거리며
근처 콜로라도강가로 간다

기슭에 묶인 선박 카페 '모차르트'는
술손님 커피 손님들로 시끌벅적
온갖 네온 불빛 얼크러진 강물은
어둠 속에서 출렁출렁출렁

흔들리는 난간 잡고 하늘을 보니
카페와 강물이 맘에 안 드는지
달은 높이 달아나
이쪽엔 관심도 없는 듯

가고픈 곳이 따로 있나 보다며 돌아서는데
느닷없는 소쩍새 소리

흑인 청년과 백인 아가씨 마주앉아
서로의 귀 잡고 싱글뱅글
쪽, 쪽, 쪽

술꾼들만 가득할 뿐
은물결도 금물결도 하강한 달님도 없지만
서로 달이 되고 있는 청춘들로
오스틴의 겨울밤 낭만으로 깊어간다.

도장골 순이

신니면 송암리 후미진 숲에는
낮에도 어둑한 곳집* 하나 있었네
부서진 문살
찢어진 창호지

쥐며느리 들끓는 흙바닥엔
향도 색도 다 삭은 꼭두닭상여*
바람벽 기대 선 두 폭 가리개엔
핏발 선 눈으로 졸지도 못하는
수탉 한 마리

저 닭 홰치고 울면 엄마 돌아올까
핏기 없는 낯으로 들여다보던
일곱 살 동무.

* 곳집 : 상여를 보관해 놓는 움막.
* 꼭두닭상여 : 앞부분을 커다란 수탉처럼 만든 상여.

산다는 것

땅 밟고 사는 인간이니
하늘 맘으로만 살 수 있나
굽은 길 비탈길 더듬대다
춤인 듯 통곡인 듯 노래도 하고
엎어졌다 자빠졌다 삐쳤다 풀어졌다
앵돌기도 하는 거지
머문 자리 헤집다 다지기도 하고
파안대소에 한숨 감추다
손 털고 가는 인생

너와 나 어느 별에서 다시 만나면
옳으니 그르니 따지 않고
다함없는 정 나눌 수 있을까.

한마음

당신이 펜이라면
나는 복사꽃 향기 품은
종이가 되겠소

내가 술이라면
당신은 황금 잔이 되어
천천히 마셔주오

한세월 지나
당신이 봄 하늘 구름이 되면
나는 연두 꽃비로 내리겠소.

연보

2021. 정정근 시선집 연보

1948년 7월 3일 충북 중원군(현 충주시) 신니면 송암리에서 '숙(肅)' 자 쓰시는 분을 시조로 하는 해주정씨 악남공파(岳南公派) 11대 손으로 태어남. 부친 정태영 씨와 모친 박금순 씨의 맏딸.

1951년 1·4후퇴 때 가족들과 보은으로 피난.

1954년 보은 삼가초등학교 1학년 입학. 산으로 들로 냇물로 놀러만 다니다 낙제.

1955년 1학년 재입학. 또 낙제당하지 않으려고 글자 공부 열심. 자신이 생기면서부터 식구들 들어보라고 소리

내어 읽는 것 좋아함. 잘못된 발음은 부친께서 바로잡아 주심. 라디오 생김. 어린이 시간에 동요('꼬마 눈사람' 등) 배우는 것도 좋았지만, 여자 아나운서 흉내 내보는 재미를 즐김. 짬나실 때마다 근처 강으로 낚시 가시는 부친 따라다님.

1957년 보은 떠남. 중원군 M초등학교로 전근된 부친을 따라 가족들은 이류면 매현으로, 본인은 100리쯤 떨어진 고향으로 가서 조모님과 살며 동락초등학교 3학년으로 전입. 3~4주에 한 번씩 부친 다녀가심. 부모님께 편지 쓰는 것이 낙이었음.

1958년 4학년 학예회 때 '윤회' 낭독.

1959년 매현초등학교 5학년으로 전입. 한 해 선배들 졸업식장에서 송사 읽다가 목이 메는 바람에 언니들 대성통곡.

1960년 반 친구 이호순에게 전도되어 동네 교회 나갔으나 2달도 못 되어 중단.

1961년 부친, 제천군 교육청으로 전근. 본인과 가족들은 충주시내 거주. 충주여자중학교 입학. 울적한 날은 전화국으로 달려가 부친 목소리 듣고 위로 받음.

1962년 사택과 전셋집 전전하던 끝에 충주시 지현동에 처음으로 진짜 우리 집 생김.

1964년 충주여자고등학교 입학.

1965년 교내 글짓기 대회에서 우수상(시). 학교방송 아나운서로 활동하며 교내외 행사 참여. 국어 선생님이 써주신 대본으로 방송실 친구들과 방송극.

1966년 고3, 반 편성 때 비진학반으로 자원. 아나운서가 되겠다는 꿈이 있었기에 낙심하지 않았음. 부친 충주시내로 들어오심. 비진학반 특혜로 방과 후 학교에서 한글·영문 타이프 습득. 11월 초부터 겨울방학 내내 『KBS충주방송중계소』에서 아나운서 실습. 1년 선배들 졸업식 때 장내 멘트.

1967년 충주여고 졸업.

1968년 『KBS충주방송중계소』에서 2개월쯤 임시 아나운서. 충주 K초등학교 서무계 근무. 약 1년간 KBS중계소에서 수요일 저녁(클래식)과 일요일 아침(대중음악) 음악프로 진행. 무보수여도 아나운서만 되고 싶었으나 그럴 형편 아니었음.

1969년 『중원군교육청』 타이피스트 겸 교육장 비서. '유엔의 날', 교육청 여직원들과 시내 H은행 총각들과 산척면 명서리에서 그룹미팅. 이때 지금의 남편 만남. 파월장병이던 오빠가 귀국하며 녹음기 사다주어 무지무지하게 좋았음.

1970년 중원군교육청 관내 D초등학교 운동회 지원나갔다가 어느 교사의 권유로 잠시 중계방송해 봄. 휴가 때 보은 고모 댁에 놀러 가서는 고모의 과대 홍보로 '동네 노래자랑' 사회를 보기도 함. 가을에 충주 MBC 라디오 방송국 개국. '푸른 신호등'에 게스트로 출연. A 장학사 추천으로 정식 아나운서 섭외 받음. 두어 달 맹연습하며 들떴었지만, 몇 달 후 결혼 예정이어서 갈등 끝에 포기. 당시 여자아나운서 대부분은 입사할 때 '결혼하면 사직하겠다'는 각서를 내야한다고 했음.

1971년 교육청 사직. 전주최씨 최맹규 씨와 혼인.

1972년 첫아들(錫宰) 출산.

1973년 남편의 전근으로 서울 흑석동에 새 보금자리 얻음.

1976년 봉천동에 단독주택 매입. 딸 낳았으나 3주 만에 잃음.

1977년 하나님이 내 눈물 보시고 다시 딸(釉美) 주심.

1980년 『서울 생명의 전화』에서 '전화상담원 교육과정' 이수(5기). E 초등학교에서 '어머니 합창반', '어머니 서예반' 수강.

1981년 개봉동 W아파트로 이사.

1983년 강남구 대치동 E아파트로 이사.

1985년 부활절 날 삼성동, 『기독교대한감리회 J교회』에서 세례 받음.

1986년 명동 『가톨릭맹인선교회』에서 낭독 훈련 및 약시자 안내교육 이수하고 책 읽어주는 봉사(12기).

1987년 『J교회』에서 성탄 전야에 '지게꾼과 구두수선공' 연극(지게꾼 역).

1988년 교회가 멀리 이사 가 역삼동 『H 감리교회』로 옮김. 교회 소식지에 가끔 산문 발표.

1994년 계간지 『창작수필』에 '꿈'으로 등단.

1998년『한국문인협회』가입.

1999년『시대문학』에서 '해돋이' 외 9편으로 시 등단. 첫 수필집『물결 위에 새긴 그림자』출간.『강남시문학회』가입.

2000년『강남시문학회』회원들과 마라도 및 제주도 여행. 강남문인협회 가입.

2001년 결혼 30주년 기념으로 남편과 3박 4일 금강산 여행. 첫 시집『숨은 그림들』출간.

2002년『강남문인협회』회원들과 일본 규슈 여행. 경기도 일영동산에서 교회 프로그램 '좋은 만남' 참여. 아들(현 '네이처 랭귀지' 대표), 조현희(피아노학원 운영) 양과 혼인.

2003년 강남문인협회 주관 '서울문예상' 우수상 수상(수필). 아들 내외 평신도선교사 파송 받고『연변과학기술대학』으로 떠남.

2004년 딸(현 광명시 K교회 교육전도사), 김용환 군(현 숙명여대 생명시스템학부 교수)과 혼인하여 오스틴에 있는 텍사스주립대학으로 유학. 친정부친 소천. 친손자(민준) 출생.

2005년 시모님 소천. 여고동창들과 중국 장가계 여행. 외손녀(은교) 출생으로 오스틴 다녀옴.

2006년 '중앙대학교예술대학원 문예창작과 시 전문가반' 수료. 동작구 사당동 L아파트로 이사. 문화예술인 30명과 오사카일대 역사탐방(1차).

2007년 시인 33명과 오사카 일대 역사탐방(2차). 『국제PEN 한국본부』에 가입. 친손녀(민영) 출생. 외손자(인교) 출생으로 오스틴 다녀옴. 제12회 '창작수필 동인(同人)문학상' 수상.

2008년 두 번째 수필집 『콜로라도 강변에 부는 바람』 출간. '푸슈킨 기념 대축전 공모전'에서 수필부문 최우수상 수상.

2009년 세 번째 수필집 『내 이름을 불러주세요』 출간. 친정 모친 소천.

2011년 11박 12일 발칸반도 여행. 아드리아 해의 숨겨진 지상낙원 '두브로브니크'의 아름다움 및, '루마니아', '보스니아', '세르비아', '몬테네그로', '불가리아', '크로아티아', '슬로베니아', '오스트리아' 관광.

2013년 집 근처 『S 감리교회』에 등록.

2014년 네 번째 수필집 『떠돌이 별의 노래』 출간.

2018년 두 번째 시집 『나도감나무』 출간.

2019년 세 번째 시집 『이즘도의 아침』 출간.

2020년 전 세계적으로 코로나 확산. 구로1동 G아파트로 이사. 집 앞, 『대한예수교장로회 S교회』에 등록.

2021년 시선집(詩選集) 『겨울 스캔들』 출간.